J'apprends à écrire l'Arabe

Cahier d'écriture pour enfants

Lettres, Mots & Phrases

تعليم الكِتابة

Soulayman de Kerdoret

سليمان دو كيردوريه

An imprint of Madrassa online LLC
www.madrassa-online.com

ISBN 9781735548487 (paperback)
First edition : 2021

حقوق الطبعة محفوظة للمؤلف
الطبعة الأولى
١٤٤١هـ - ٢٠٢١م

Visite notre page BONUS

www.madrassa-online.com/fr/bonus

Chapitre 1: Graphisme

Suis les pointillés.
Porte attention aux flèches

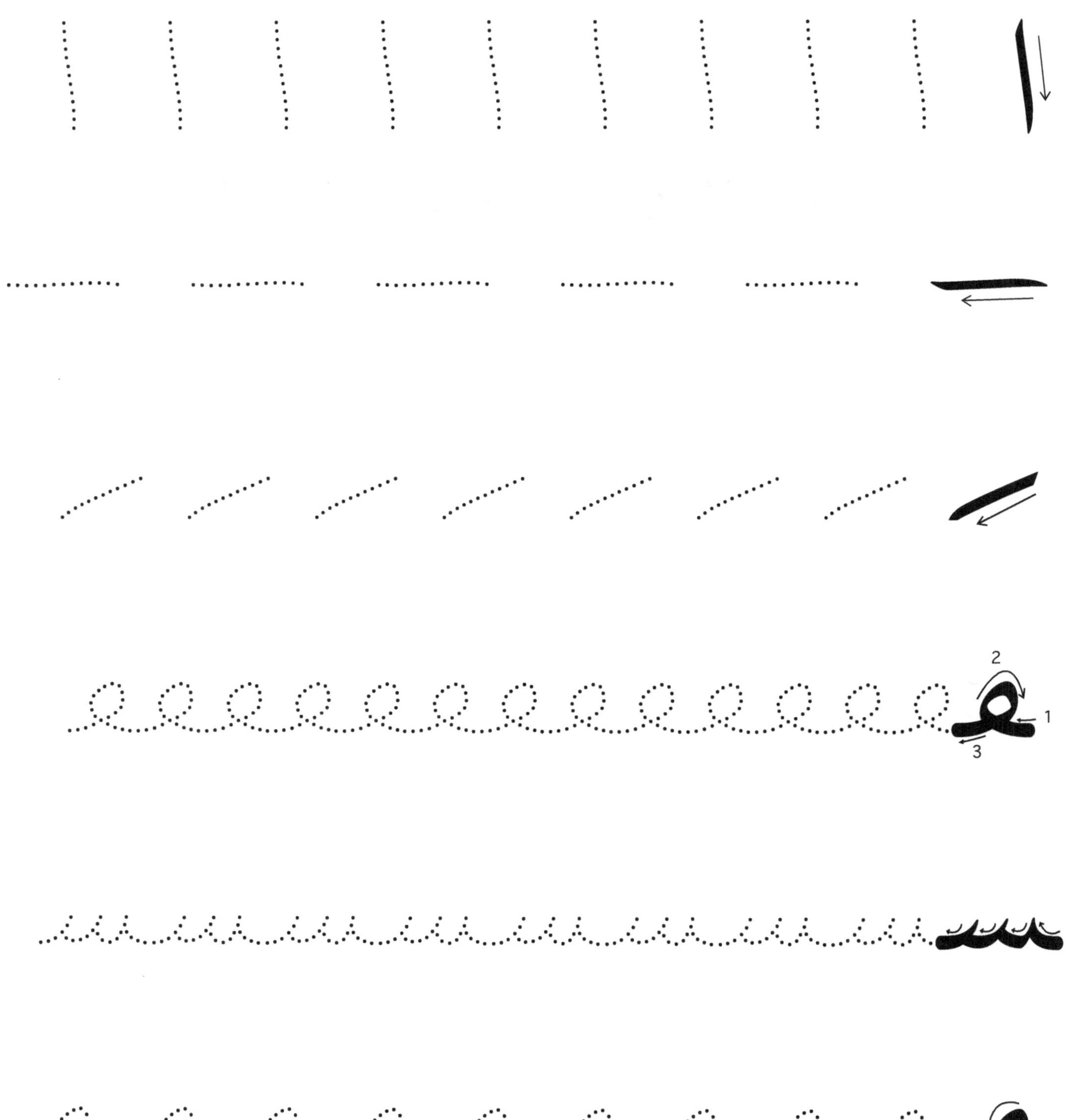

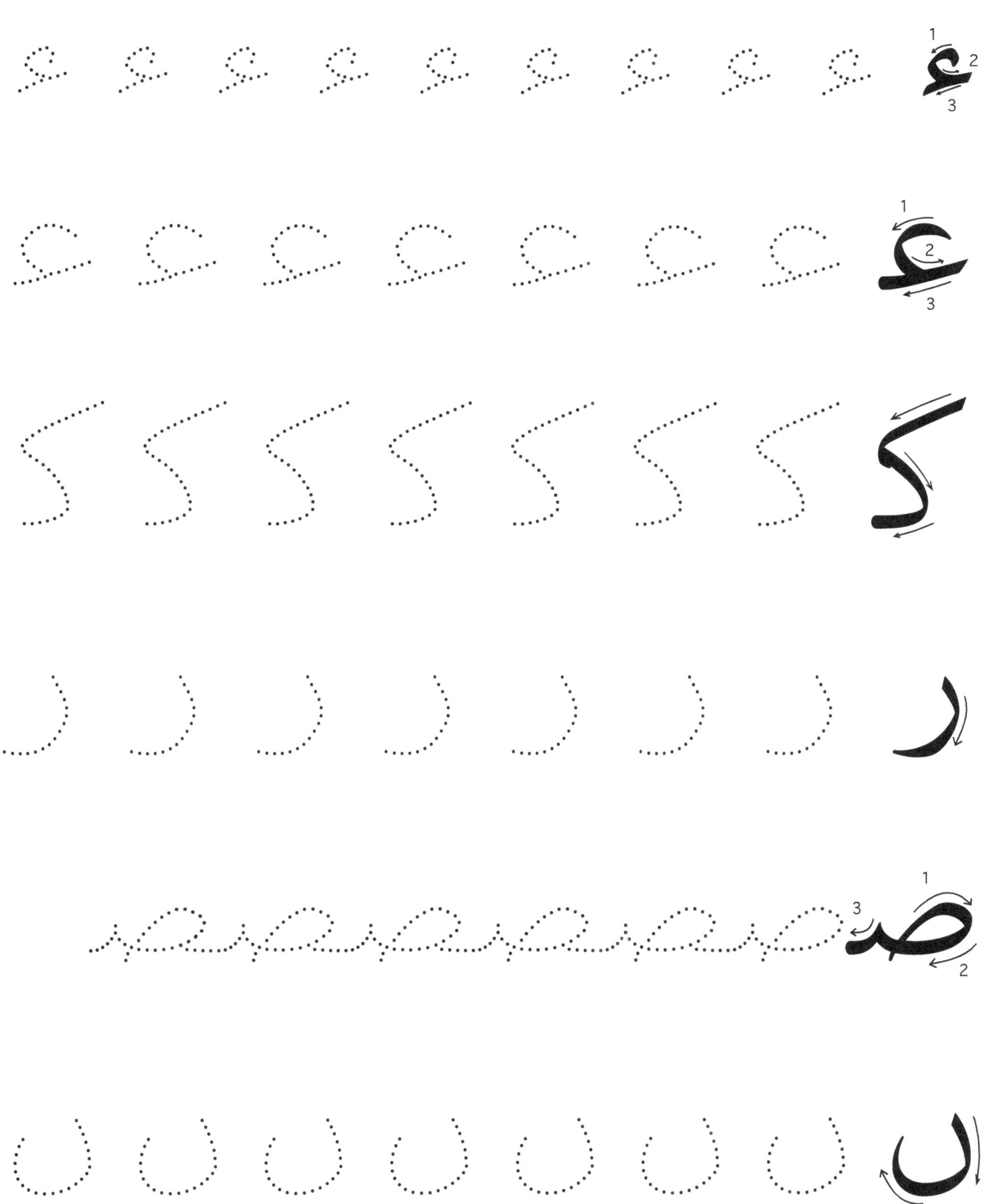

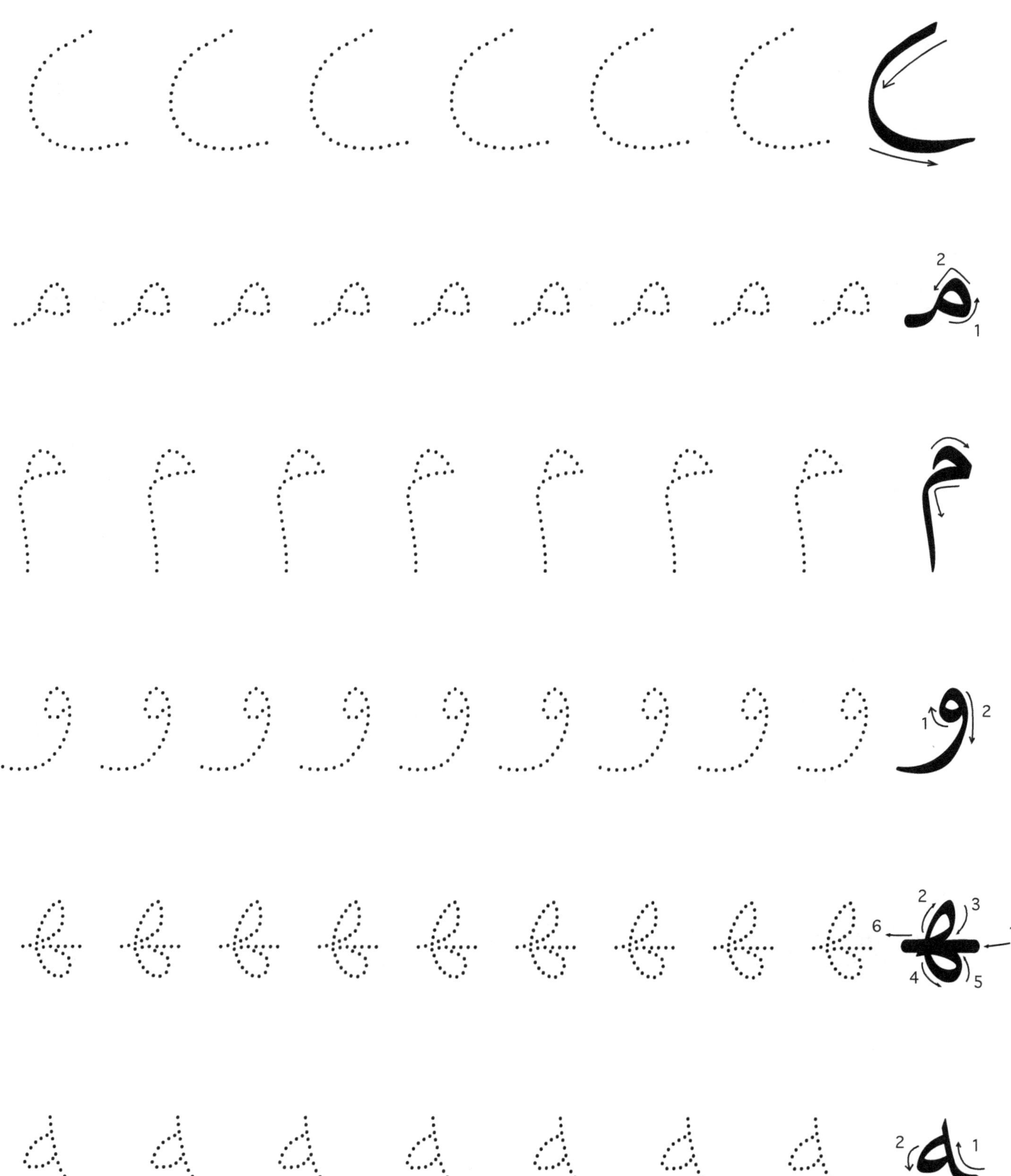

Chapitre 2: Trace les lettres

- Trace chaque lettre
- Débute le tracé par le chiffre 1
- Porte attention au sens aux flèches
- Ecrit les lettres (sans les pointillés)

Name	Arabic	Letter
Alef	ألِف	أ
Ba	بَاء	ب
Ta	تَاء	ت
Tha	ثَاء	ث
Jim	جِيم	ج
Ḥa	حَاء	ح
Kha	خَاء	خ
Dal	دَال	د
Dhal	ذَال	ذ
Ra	رَا	ر
Za	زَا	ز
Sin	سِين	س
Shin	شِين	ش
Ṣad	صَاد	ص

Name	Arabic	Letter
Ḍad	ضَاد	ض
Ṭa	طَاء	ط
Ẓa	ظَاء	ظ
´ayn	عَيْن	ع
Ghayn	غَيْن	غ
Fa	فَاء	ف
Qaf	قَاف	ق
Kaf	گَاف	ك
Lam	لَام	ل
Mim	مِيم	م
Noun	نُون	ن
Ha	هَاء	ه
Waw	وَاو	و
Ya	يَاء	ي

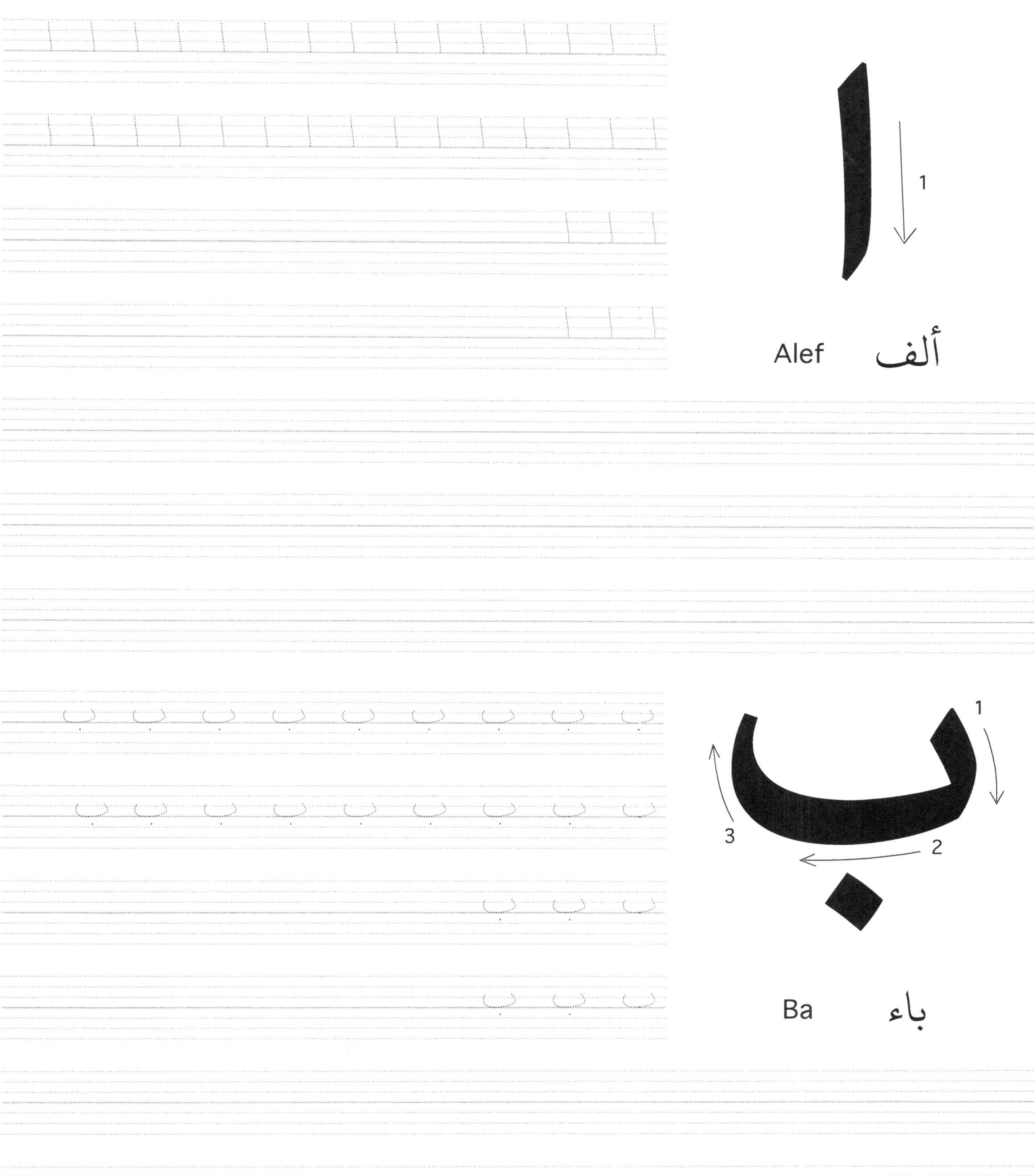

Alef ألف

Ba باء

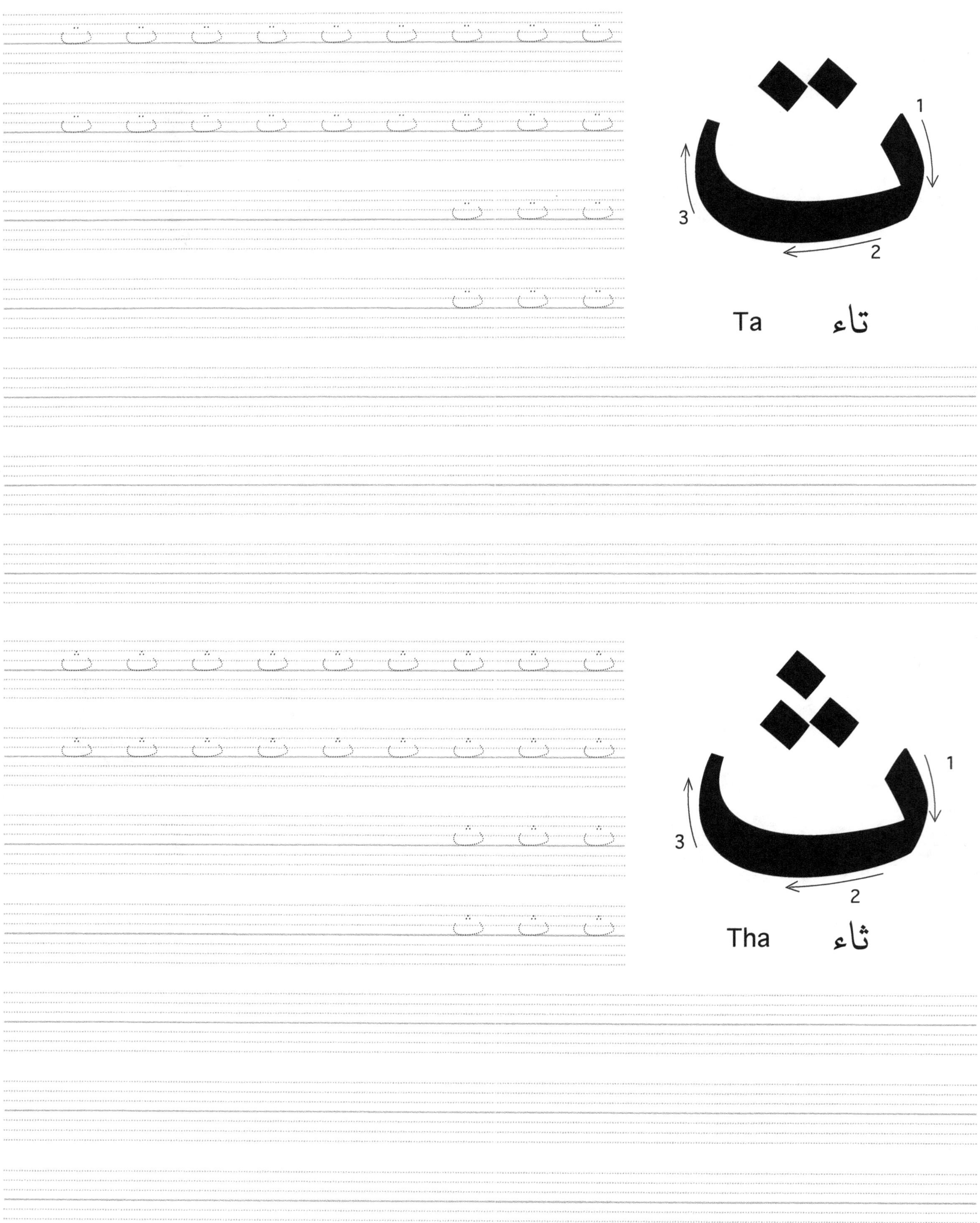

1
3
2
Ta
تاء
1
3
2
Tha
ثاء

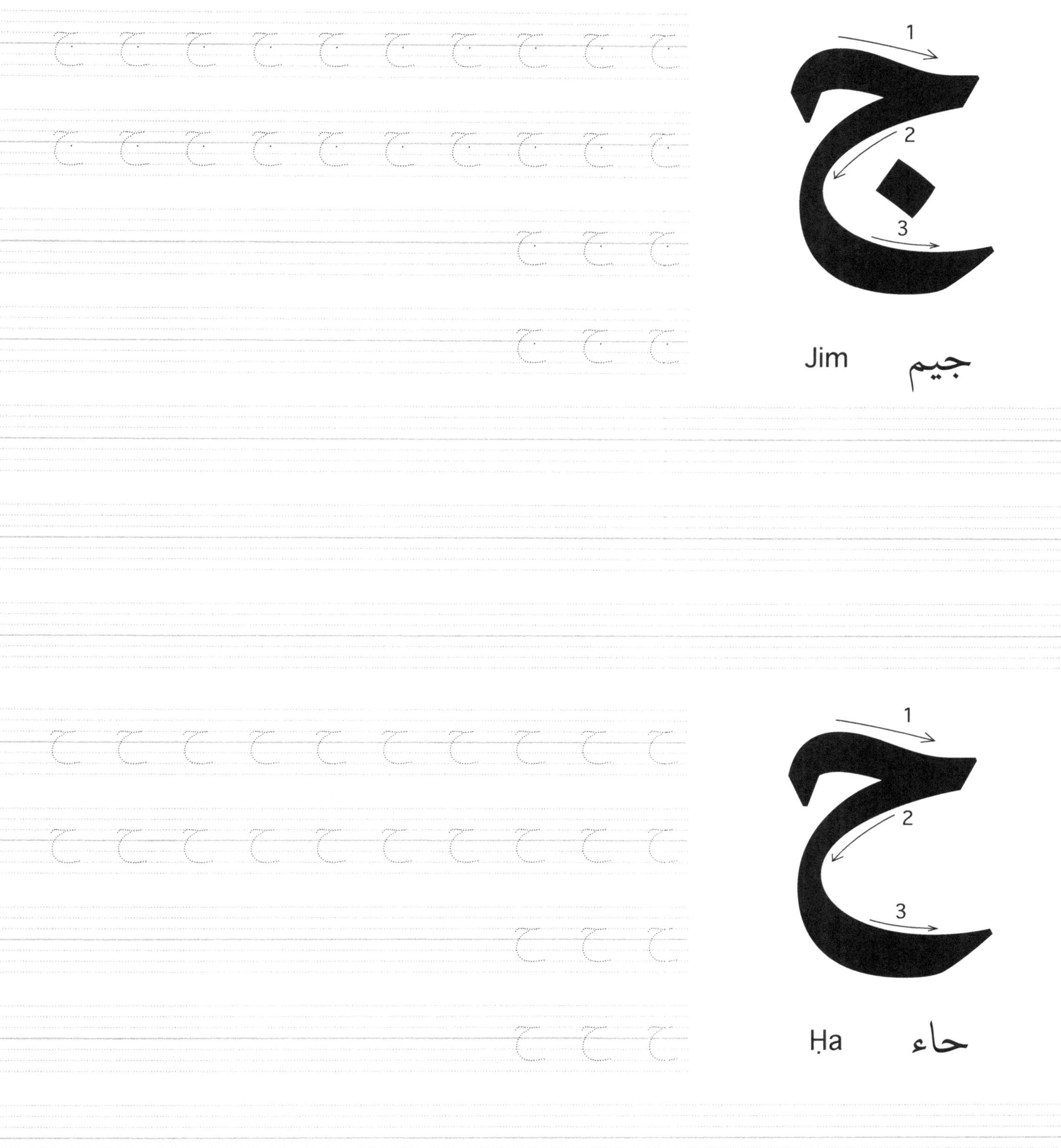

Jim جيم

Ḥa حاء

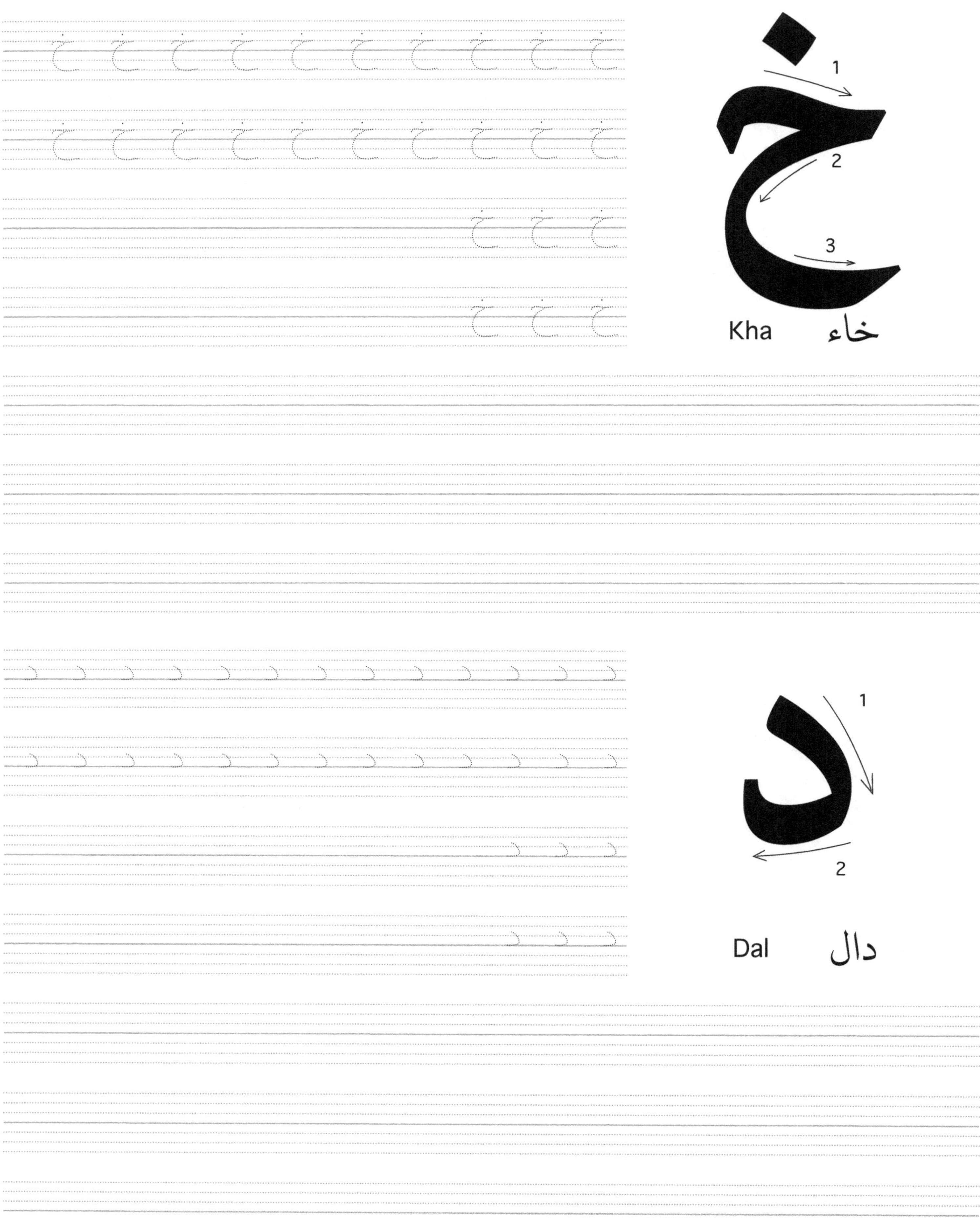

خاء
Kha
دال
Dal

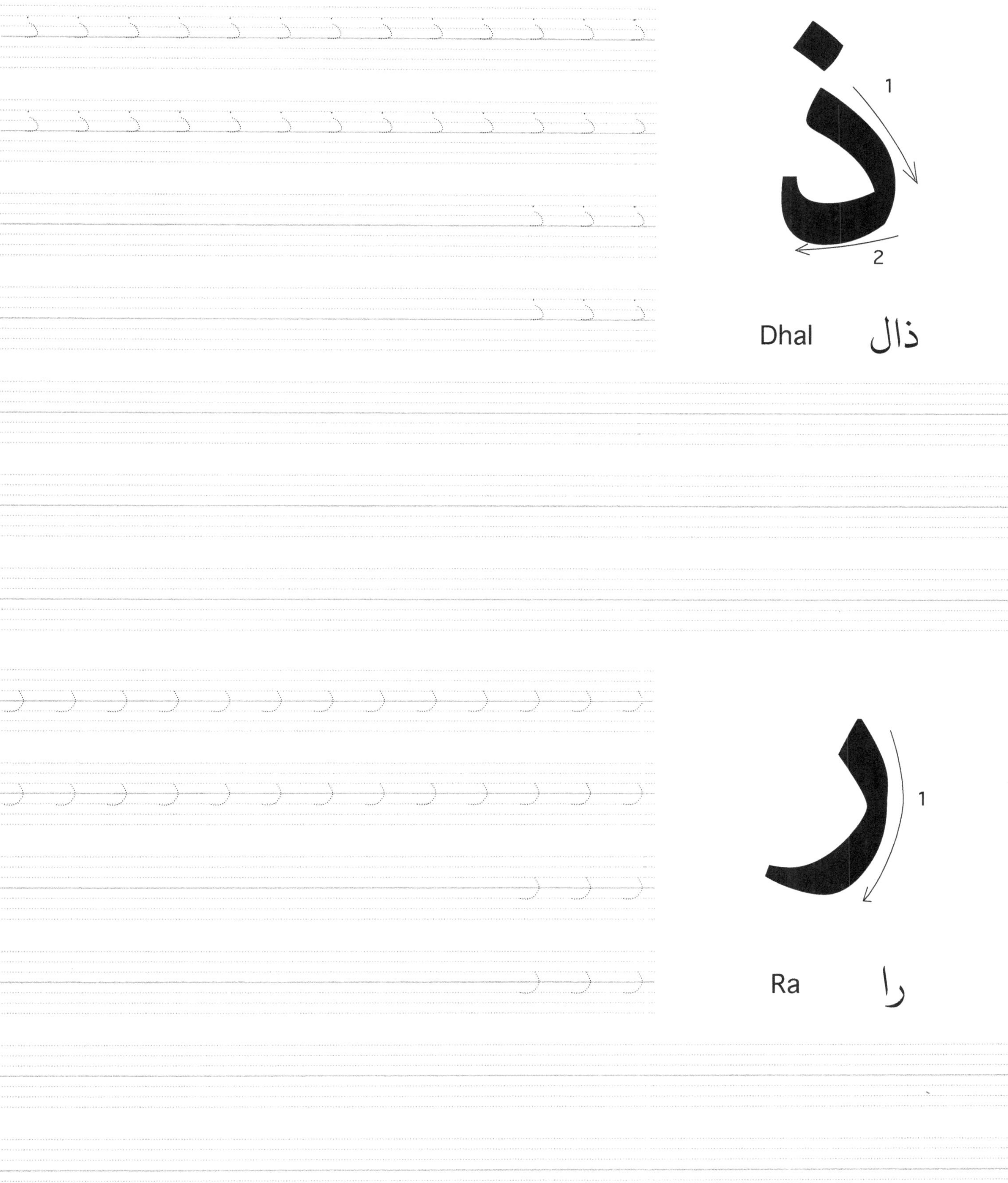

ذال
Dhal
را
Ra

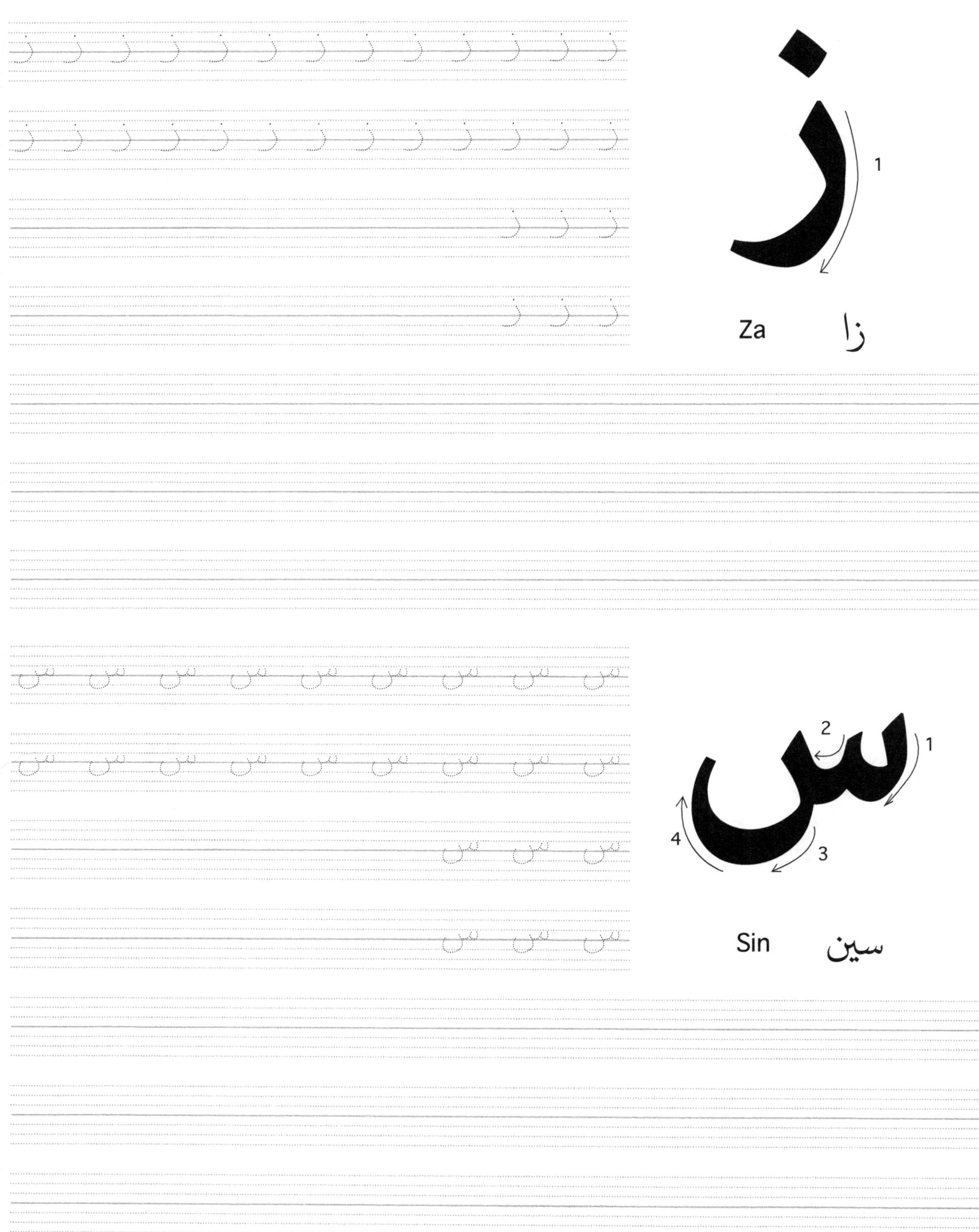

زا Za

سين Sin

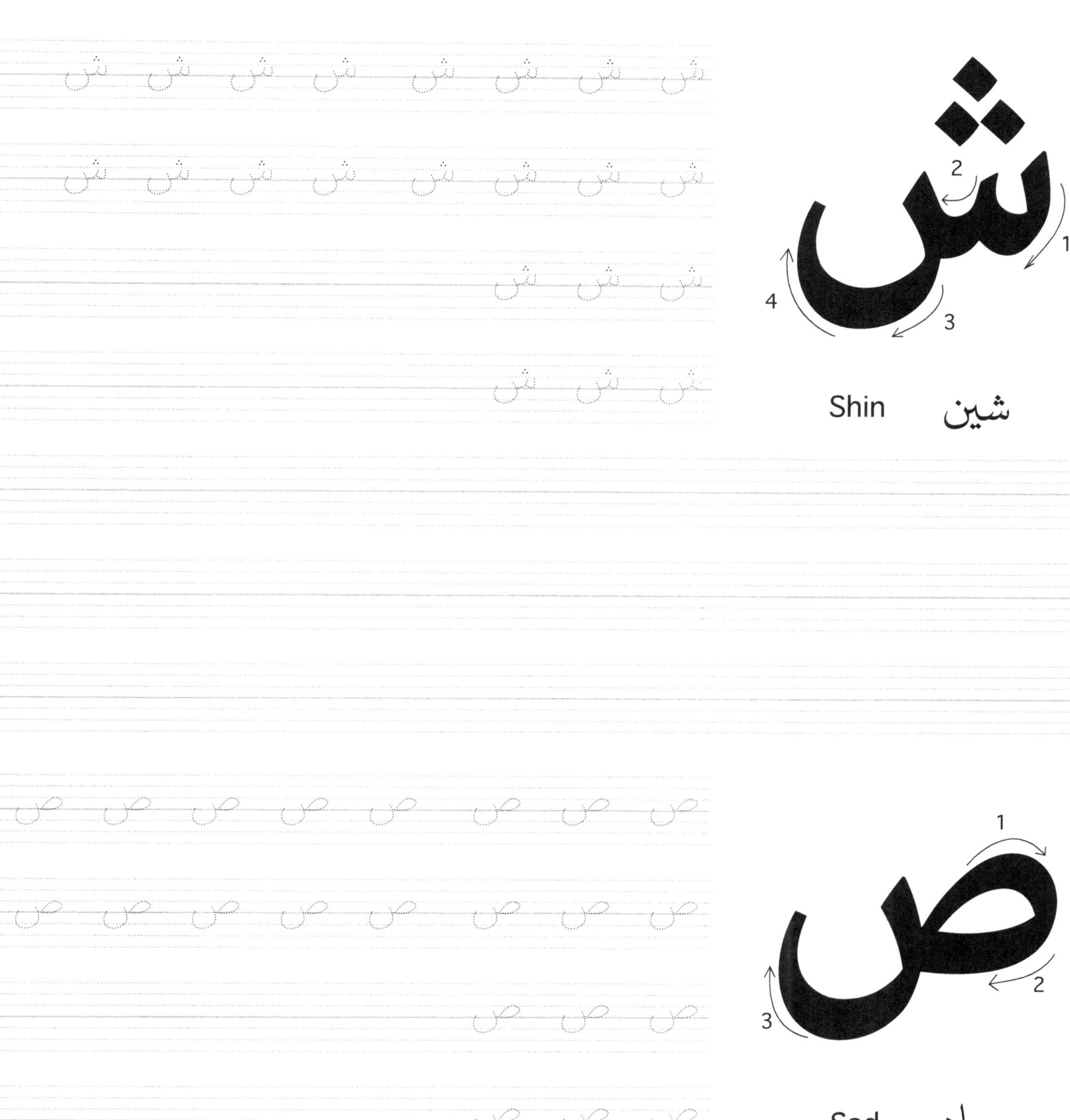

ش

Shin — شين

ص

Ṣad — صاد

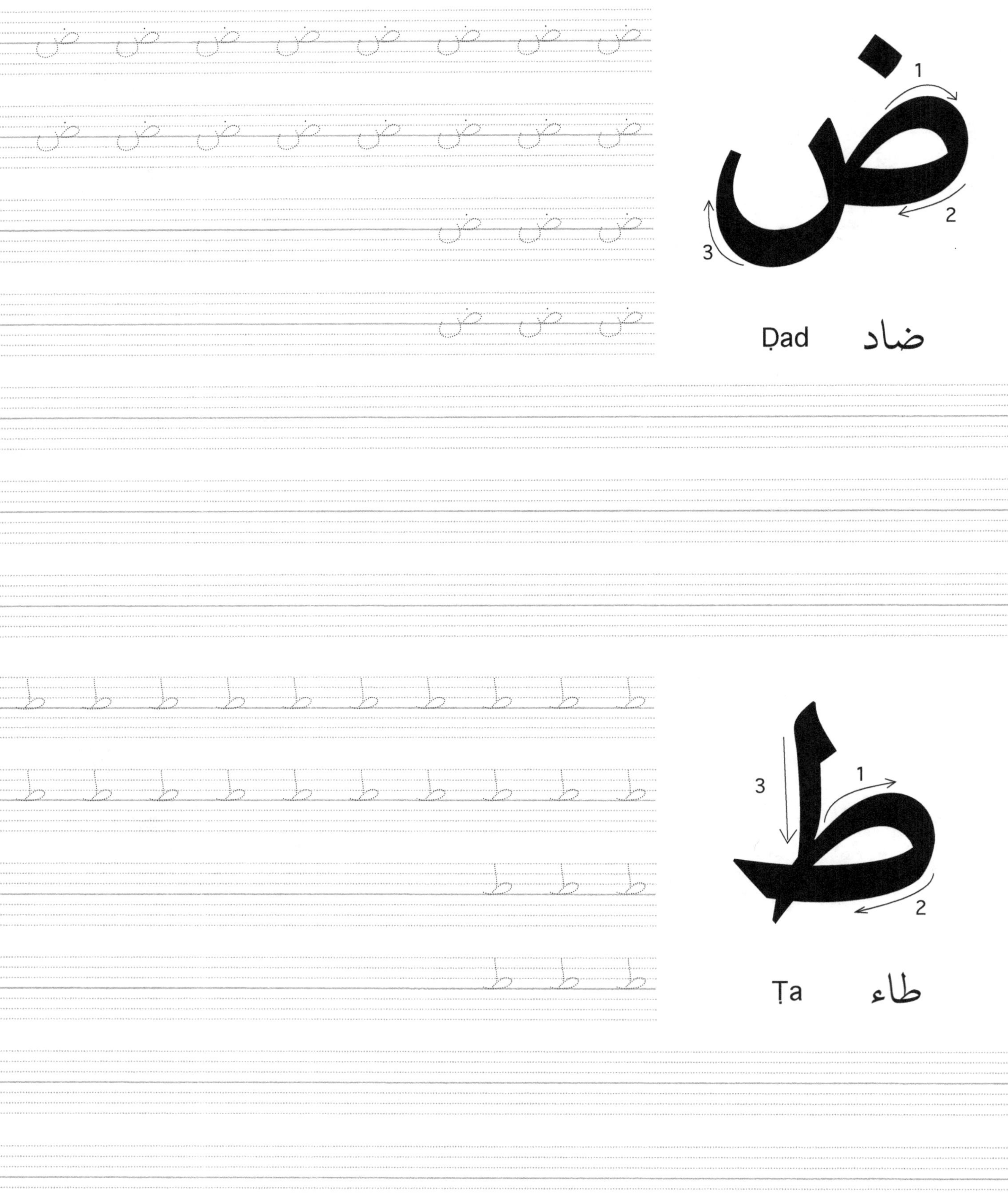

ض
Ḍad   ضاد
ط
Ṭa   طاء

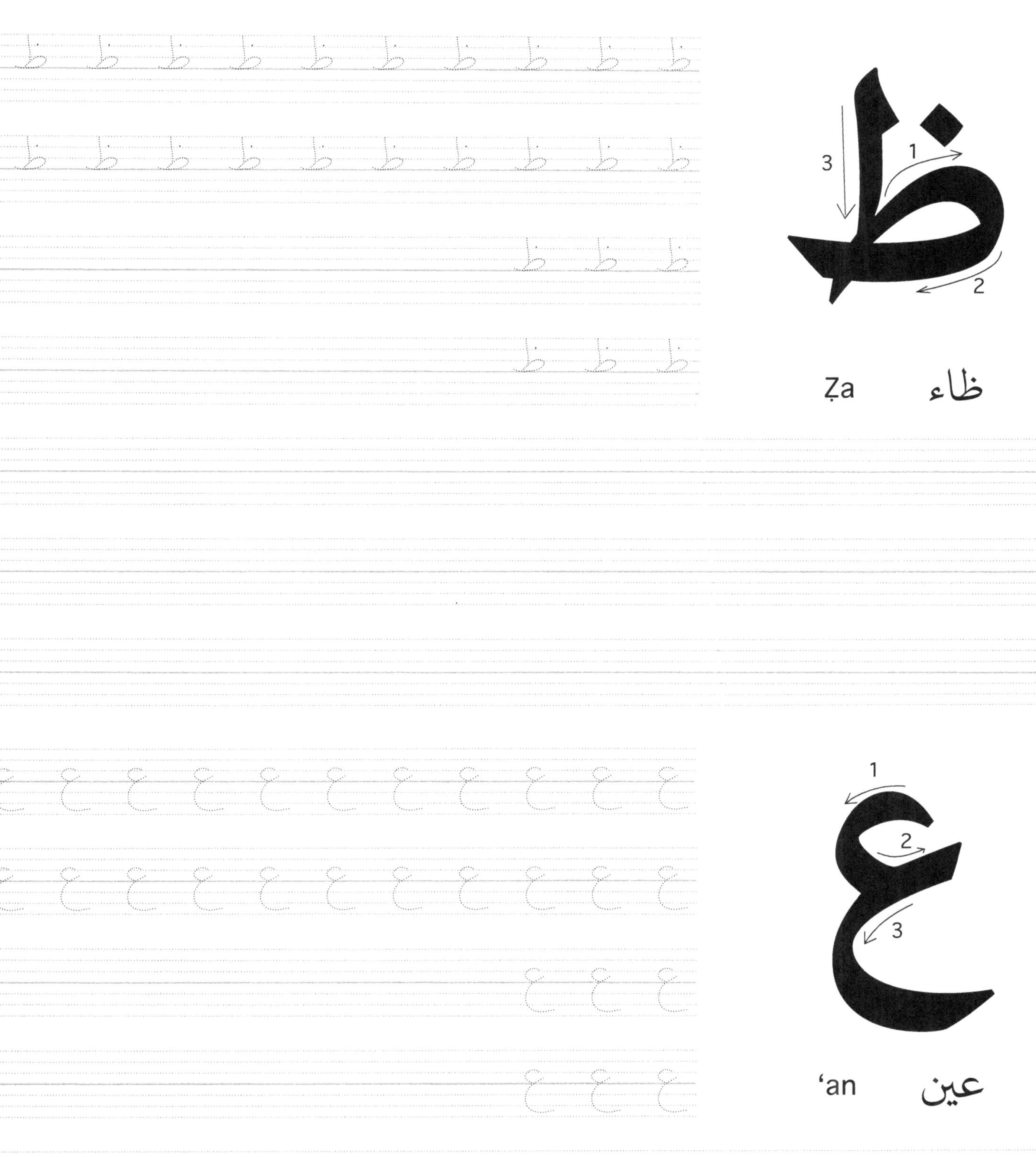

3
1
2
Ẓa ظاء
1
2
3
'an عين

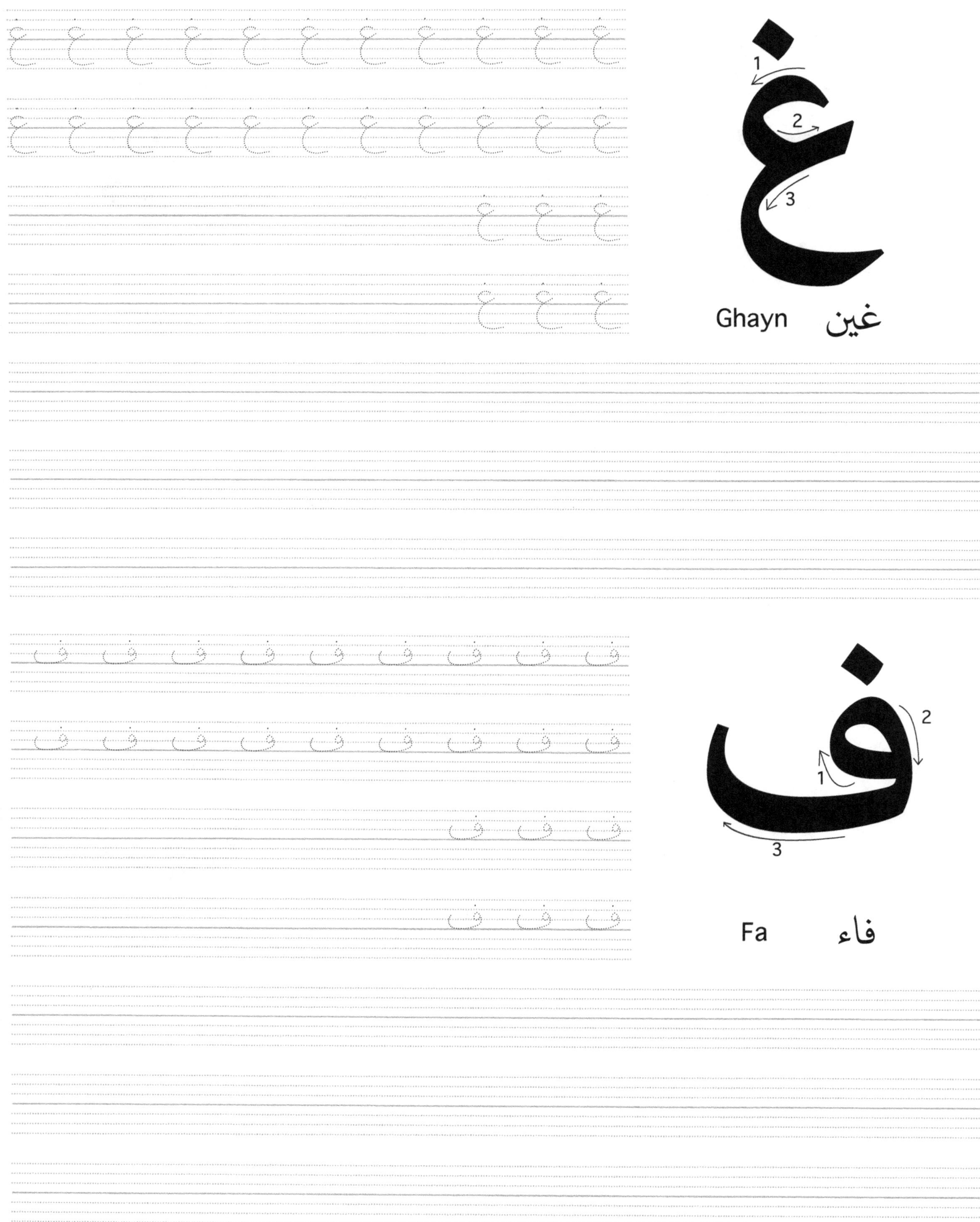

غين Ghayn
فاء Fa

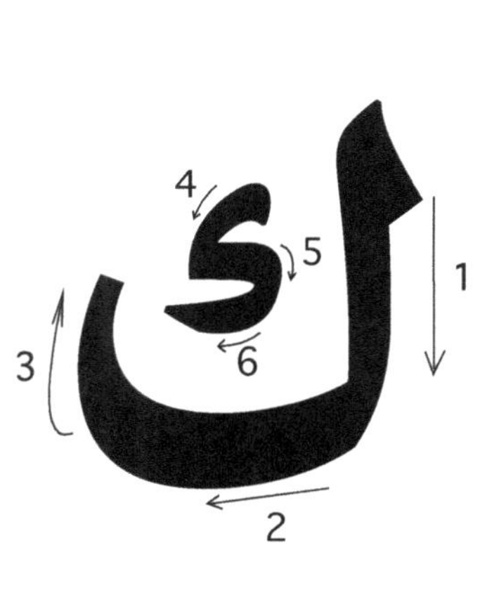

قاف   Qaf

كاف   Kaf

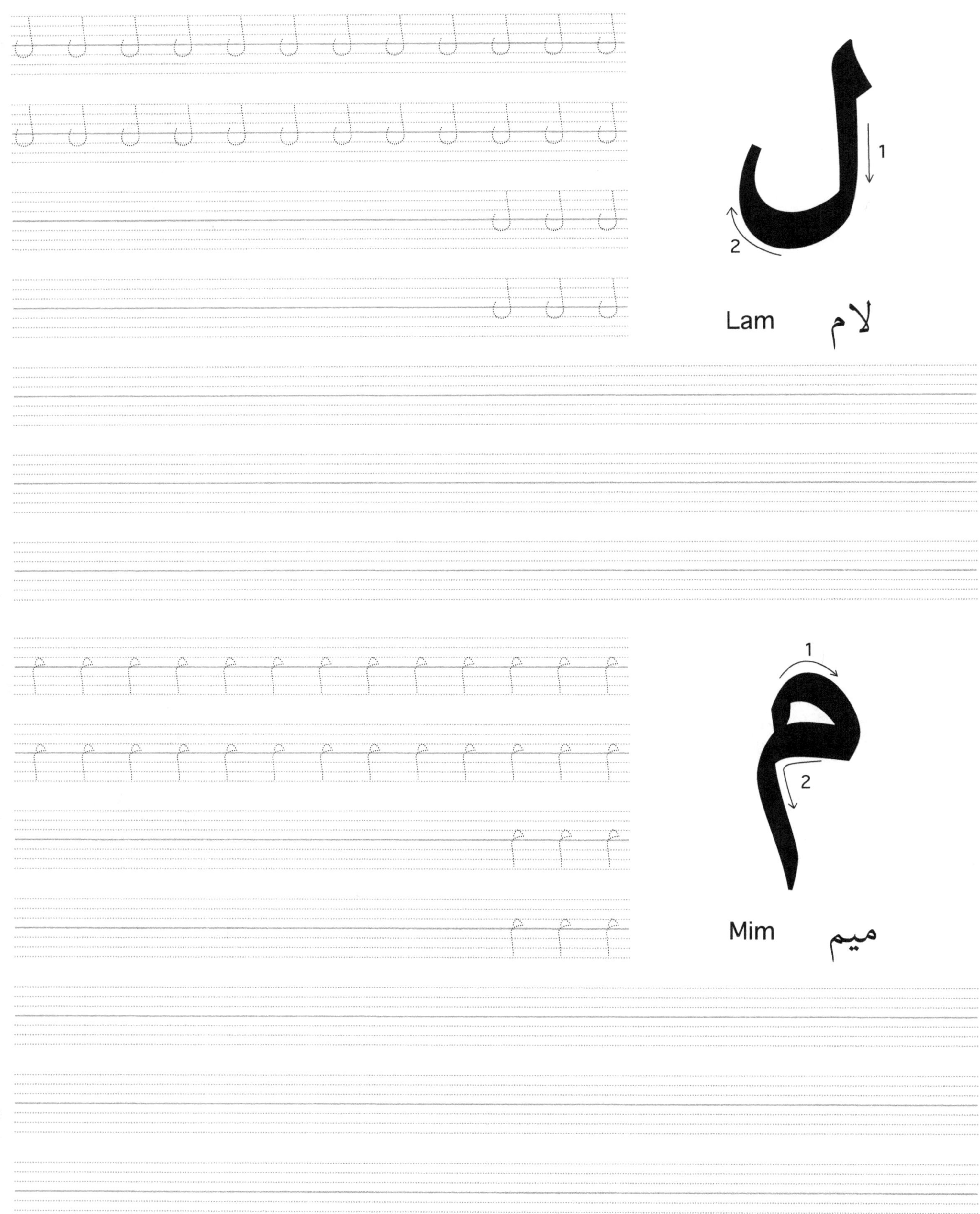

1
2
Lam
لام
1
2
Mim
ميم

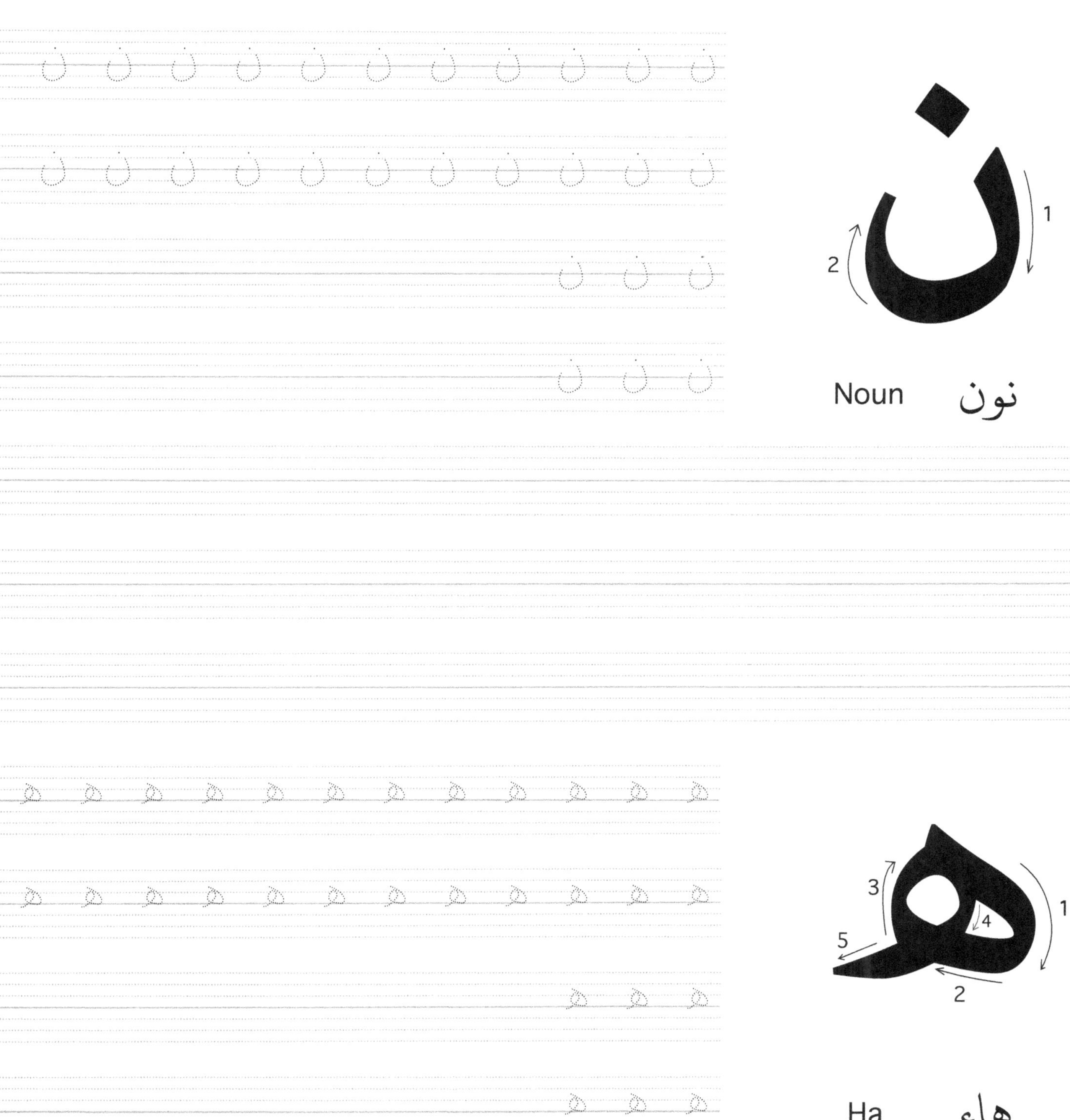

Noun   نون

Ha   هاء

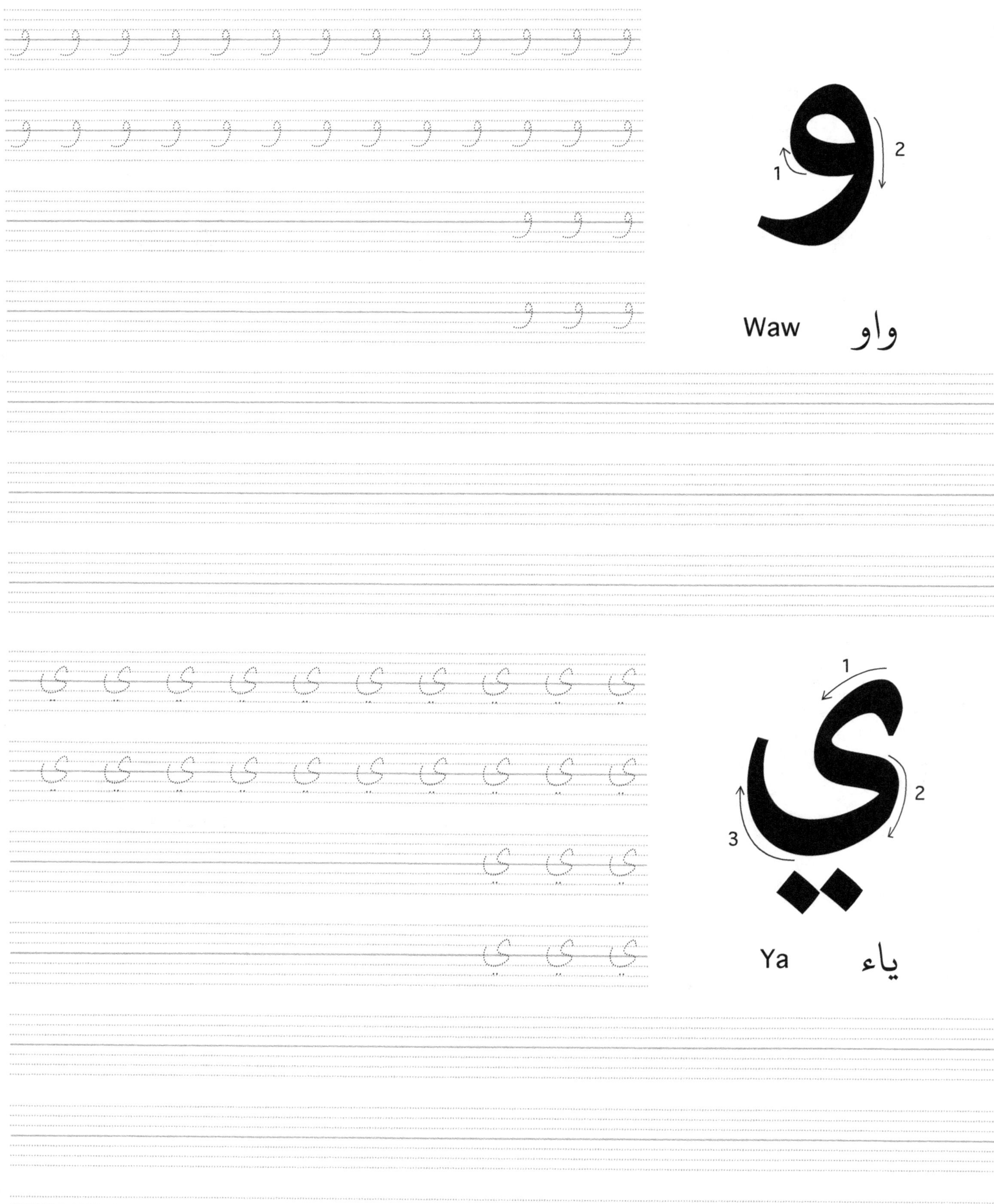

واو
Waw
ياء
Ya

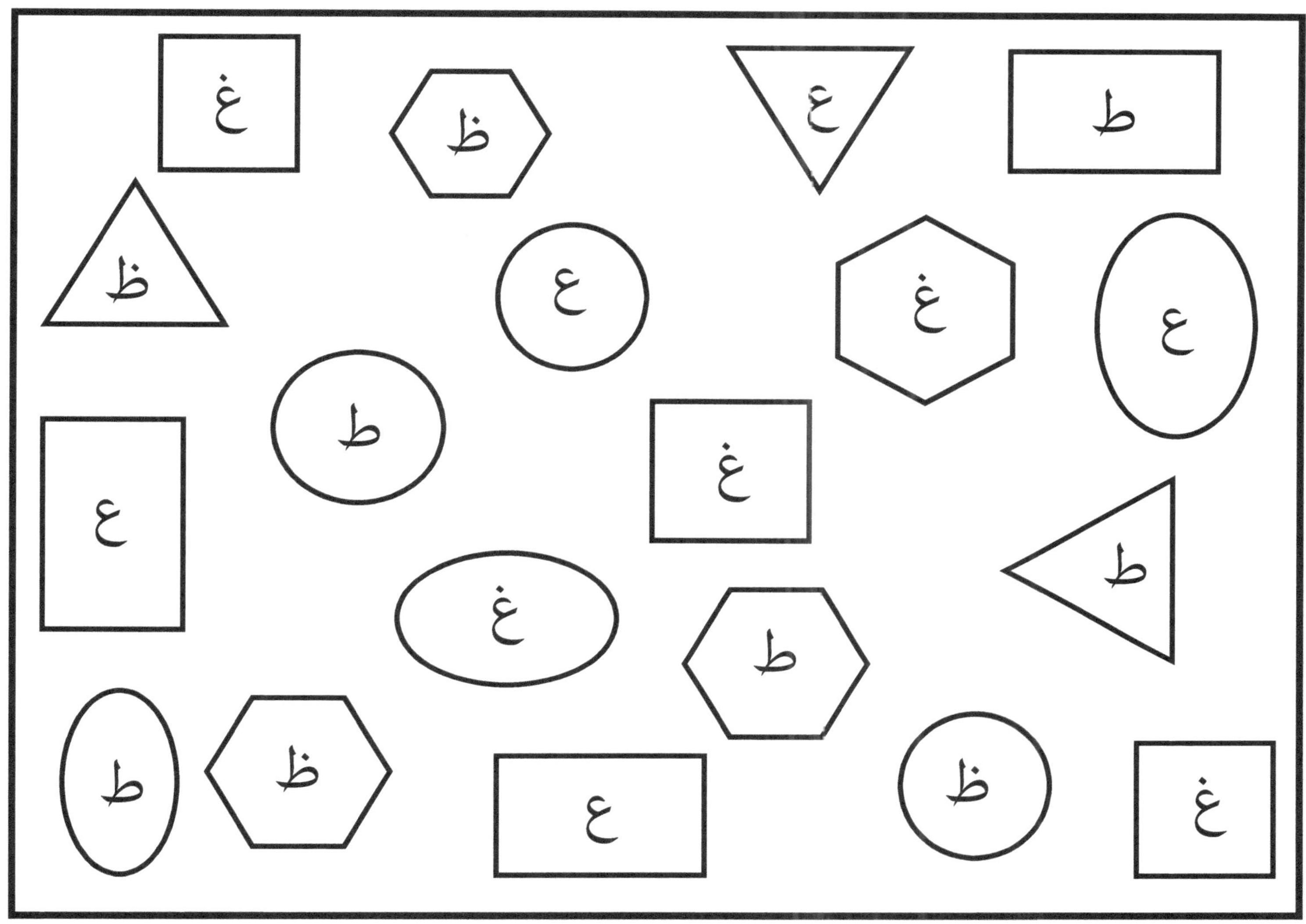

ط - أصفر (jaune)   ع - أحمر (rouge)

ظ - أخضر (vert)   غ - أزرق (bleu)

Exercice 2: Complete les tableaux suivants.

أ		ت		ج		
د			ز			ص
			ع	ظ		
ك				هـ		

			ث			
					ش	
		ظ				

أ						

Exercice 3: Entoure les lettres qui correspondent à la lettre dans le cercle.

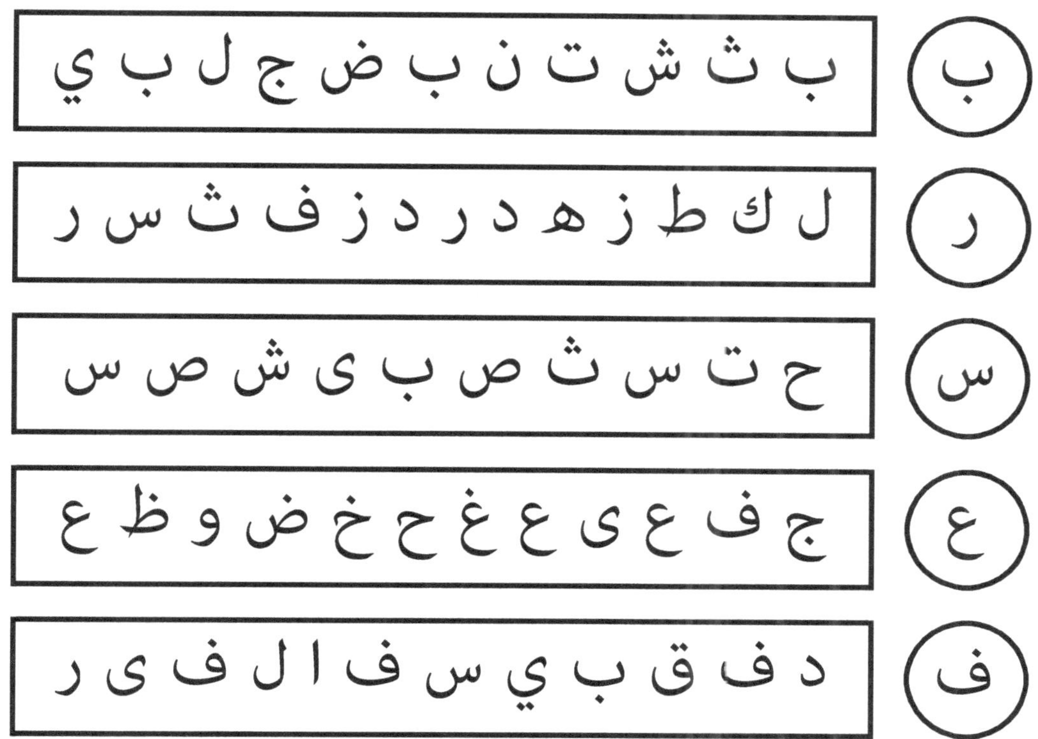

Exercice 4: Entoure les lettres qui sont identiques.

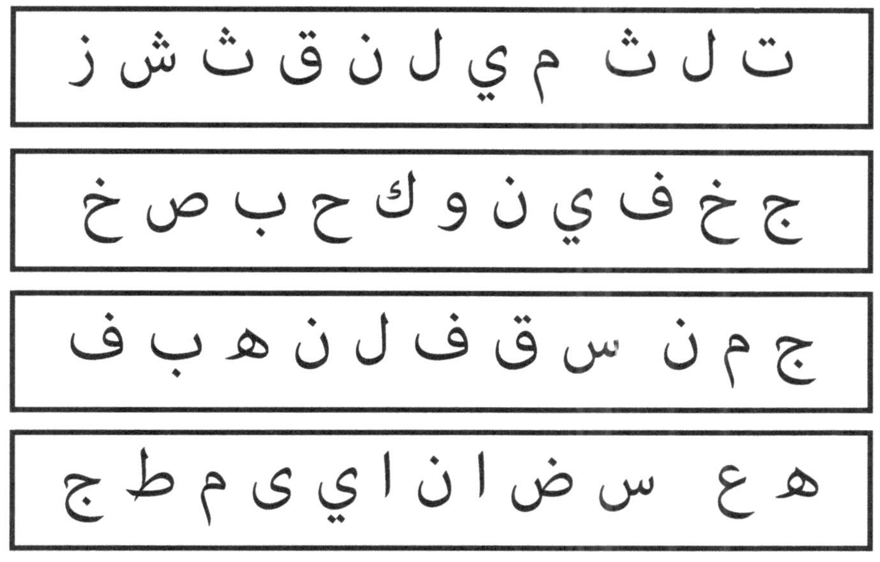

Chapitre 3: Les Harakats

Complete les tableaux suivants avec les bonnes harakats

خَ	حَ	جَ	ثَ	تَ	بَ	أَ
صَ	شَ	سَ	زَ	رَ	ذَ	دَ
قَ	فَ	غَ	عَ	ظَ	طَ	ضَ
ىَ	وَ	هَ	نَ	مَ	لَ	كَ

خِ	حِ	جِ	ثِ	تِ	بِ	أِ
صِ	شِ	سِ	زِ	رِ	ذِ	دِ
قِ	فِ	غِ	عِ	ظِ	طِ	ضِ
يِ	وِ	هِ	نِ	مِ	لِ	كِ

خُ	حُ	جُ	ثُ	تُ	بُ	أُ
صُ	شُ	سُ	زُ	رُ	ذُ	دُ
قُ	فُ	غُ	عُ	ظُ	طُ	ضُ
ئُ	وُ	هُ	نُ	مُ	لُ	كُ

خَا	حَا	جَا	ثَا	تَا	بَا	ءَ
صَا	شَا	سَا	زَا	رَا	ذَا	دَا
قَا	فَا	غَا	عَا	ظَا	طَا	ضَا
يَا	وَا	هَا	نَا	مَا	لَا	كَا

خِ	حِ	جِ	ثِ	تِ	بِ	ءِ
صِ	شِ	سِ	زِ	رِ	ذِ	دِ
قِ	فِ	غِ	عِ	ظِ	طِ	ضِ
يِ	وِ	هِ	نِ	مِ	لِ	كِ

خُ	حُ	جُ	ثُ	تُ	بُ	ءُ
صُ	شُ	سُ	زُ	رُ	ذُ	دُ
قُ	فُ	غُ	عُ	ظُ	طُ	ضُ
يُّ	وُ	هُ	نُ	مُ	لُ	كُ

أَخ	أَح	أَج	أَث	أَت	أَب	أَا
أَص	أَش	أَس	أَز	أَر	أَذ	أَد
أَق	أَف	أَغ	أَع	أَظ	أَط	أَض
أَى	أَو	أَه	أَن	أَم	أَل	أَك

أَّخ	أَّح	أَّج	أَّث	أَّت	أَّب	أَّا
أَّص	أَّش	أَّس	أَّز	أَّر	أَّذ	أَّد
أَّق	أَّف	أَّغ	أَّع	أَّظ	أَّط	أَّض
أَّى	أَّو	أَّه	أَّن	أَّم	أَّل	أَّك

أَخِّ	أَحِّ	أَجِّ	أَثِ	أَتِ	أَبِ	أَلِّ
أَصِّ	أَشِّ	أَسِّ	أَزِّ	أَرِ	أَذِ	أَدِ
أَقِ	أَفِّ	أَغِّ	أَعِّ	أَظِ	أَطِ	أَضِ
أَيِّ	أَوِّ	أَهِ	أَنِّ	أَمِّ	أَلِ	أَكِ

أَخُّ	أَحُّ	أَجُّ	أَثُّ	أَتُ	أَبُ	أَلُّ
أَصُّ	أَشُّ	أَسُ	أَزُّ	أَرُ	أَذُّ	أَدُ
أَقُّ	أَفُّ	أَغُّ	أَعُّ	أَظُّ	أَطُ	أَضُ
أَيُّ	أَوُّ	أَهُّ	أَنُّ	أَمُّ	أَلُّ	أَكُّ

Chapitre 4: Les lettres au début, milieu et fin des mots

FIN	MILIEU	DEBUT	SEUL
ا ای ا	ا	ا	ا
ب	ب	ب	ب
ت ة ة	ت	ت	ت
ث	ث	ث	ث
ج	ج	ج	ج
ح	ح	ح	ح
خ	خ	خ	خ
د	د	د	د
ذ	ذ	ذ	ذ
ر	ر	ر	ر
ز	ز	ز	ز
س	س	س	س
ش	ش	ش	ش
ص	ص	ص	ص

FIN	MILIEU	DEBUT	SEUL
ض	ض	ض	ض
ط	ط	ط	ط
ظ	ظ	ظ	ظ
ع	ع	ع	ع
غ	غ	غ	غ
ف	ف	ف	ف
ق	ق	ق	ق
ك	ك	ك	ك
ل	ل	ل	ل
م	م	م	م
ن	ن	ن	ن
ﻪ	ﻬ	ﻫ	ﻩ
و	و	و	و
FIN	MILIEU	DEBUT	SEUL
ي ي	ﻴ	ﻳ	ي

FINAL	MEDIAL	INITIAL	ISOLETED
ل	ل	ا	ا

Alif is one of the letters that do not connect to the next letter

FINAL	MEDIAL	INITIAL	ISOLETED
ـب	ـبـ	بـ	ب

Initial

Medial

Final

FINAL	MEDIAL	INITIAL	ISOLETED
ت	ﺘ	ﺗ	ت

FINAL	MEDIAL	INITIAL	ISOLETED
ث	ثـ	ثـ	ث

Initial

Medial

Final

FINAL	MEDIAL	INITIAL	ISOLETED
ح	ح	ح	ح

Initial

Medial

Final

FINAL	MEDIAL	INITIAL	ISOLETED
ح	ح	ح	ح

Initial

Medial

Final

FINAL	MEDIAL	INITIAL	ISOLETED
خ	ــخــ	خــ	خ

Initial

Medial

Final

FINAL	MEDIAL	INITIAL	ISOLETED
ـد	ـد	د	د

Dal is one of the letters that do not connect to the next letter

FINAL	MEDIAL	INITIAL	ISOLETED
ـذ	ـذ	ذ	ذ

Isoleted and Initial

Medial and Final

Dhal is one of the letters that do not connect to the next letter

FINAL	MEDIAL	INITIAL	ISOLETED
ر	ر	ر	ر

Isoleted and Initial

Medial and Final

Raa is one of the letters that do not connect to the next letter   ✗ ﺮ   ✗ ﺭ

FINAL	MEDIAL	INITIAL	ISOLETED
ﺰ	ﺰ	ﺯ	ز

Isoleted and Initial

Medial and Final

Zaa is one of the letters that do not connect to the next letter   ✗ ﺰ ✗ ز

FINAL	MEDIAL	INITIAL	ISOLETED
ﺲ	ﺴ	ﺳ	س

Initial

Medial

Final

FINAL	MEDIAL	INITIAL	ISOLETED
ش	ش	ش	ش

FINAL	MEDIAL	INITIAL	ISOLETED
ص	ﺼ	ﺻ	ص

Initial

Medial

Final

FINAL	MEDIAL	INITIAL	ISOLETED
ض	ضـ	ضـ	ض

Initial

Medial

Final

FINAL	MEDIAL	INITIAL	ISOLETED
ط	ط	ط	ط

FINAL	MEDIAL	INITIAL	ISOLETED
ظ	ظ	ظ	ظ

Initial

Medial

Final

FINAL	MEDIAL	INITIAL	ISOLETED
ح	ـح	حـ	ح

Initial

Medial

Final

FINAL	MEDIAL	INITIAL	ISOLETED
غ	غ	غ	غ

Initial

Medial

Final

FINAL	MEDIAL	INITIAL	ISOLETED
ف	ﻔ	ﻓ	ف

FINAL	MEDIAL	INITIAL	ISOLETED
ق	ق	ق	ق

Initial

Medial

Final

FINAL	MEDIAL	INITIAL	ISOLETED
ك	ك	ك	ك

Initial

Medial

Final

FINAL	MEDIAL	INITIAL	ISOLETED
ل	ل	ل	ل

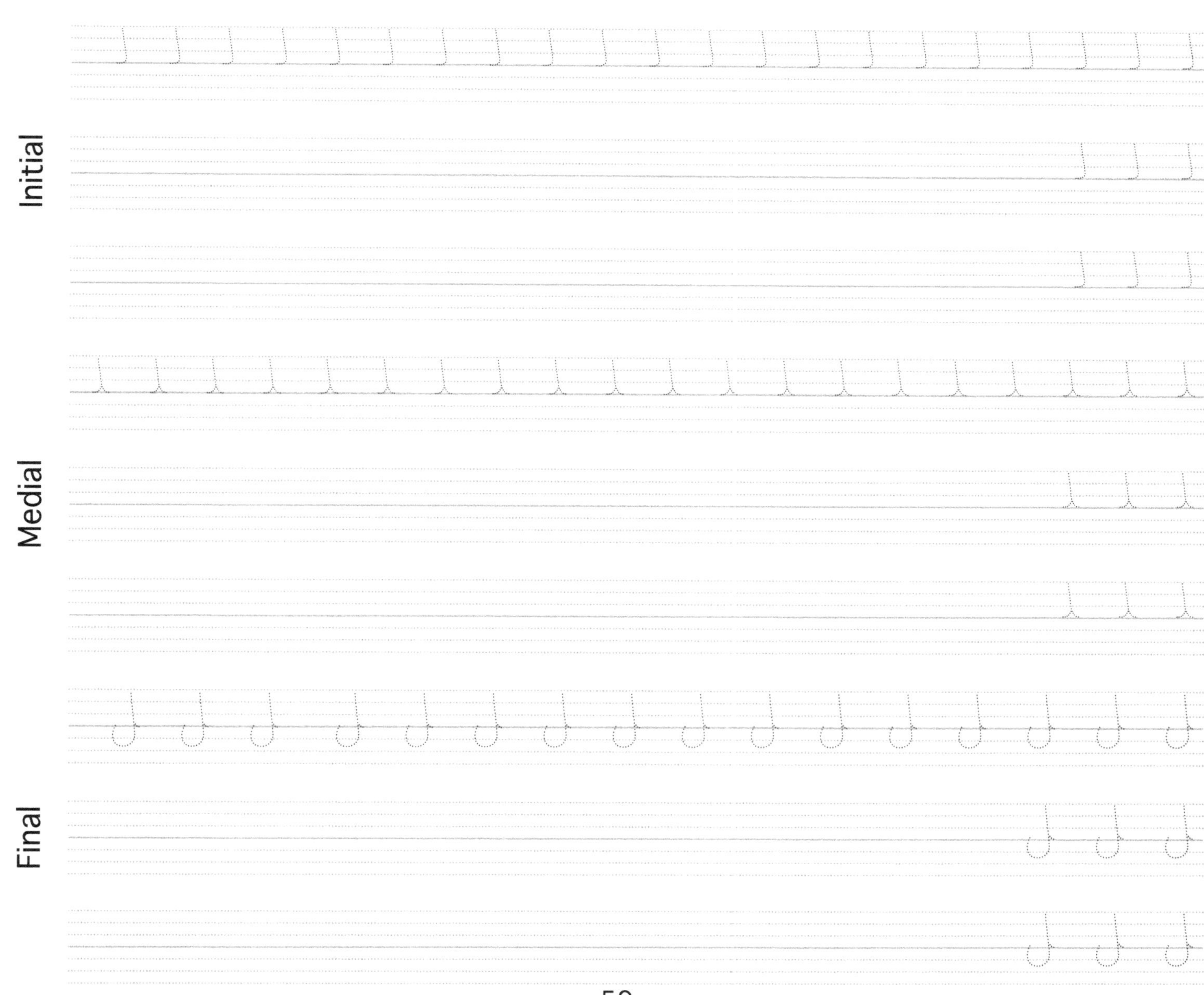

FINAL	MEDIAL	INITIAL	ISOLETED
م	ـم	مـ	م

Initial

Medial

Final

FINAL	MEDIAL	INITIAL	ISOLETED
ن	ـنـ	نـ	ن

Initial

Medial

Final

FINAL	MEDIAL	INITIAL	ISOLETED
ݔ	ݖ	ݕ	o

Initial

Medial

Final

FINAL	MEDIAL	INITIAL	ISOLETED
و	و	و	و

Isoleted and Initial

Medial and Final

Waw is one of the letters that do not connect to the next letter

FINAL	MEDIAL	INITIAL	ISOLETED
ي	ـيـ	يـ	ي

Initial

Medial

Final

Exercice 1: Entoure les lettres semblables à la lettres dans le cercle.

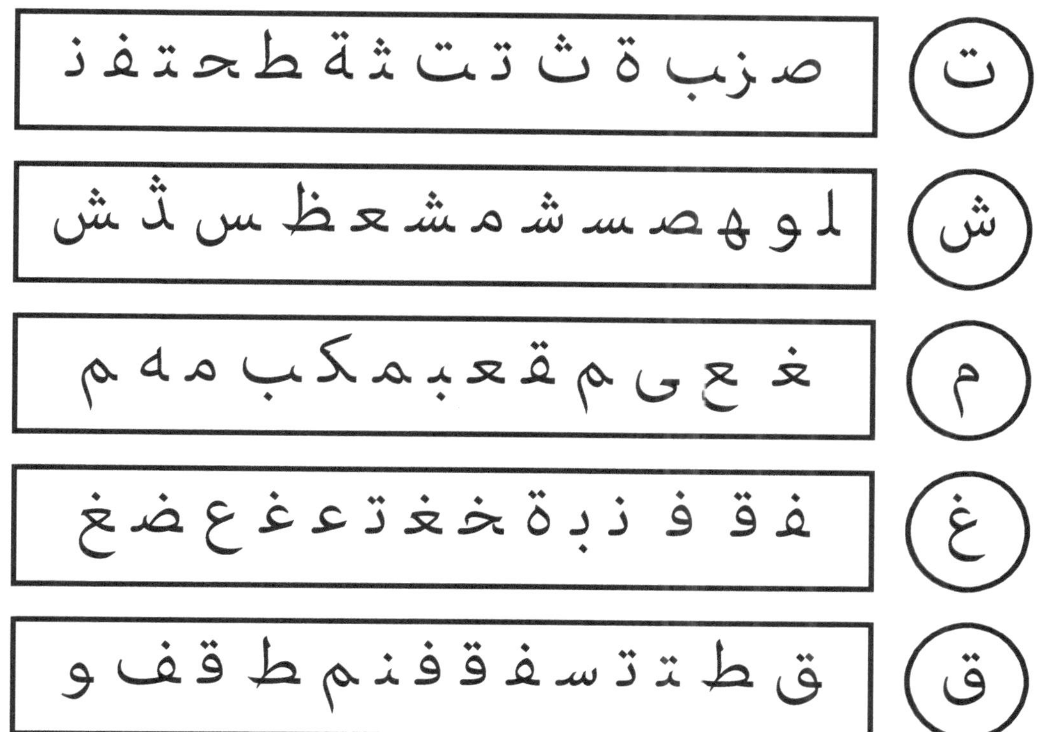

Exercice 2: Relie les lettres aux mots par lesquels ils commencent.

Exercice 3:

• أبيض	• ك
• كتاب	• أ
• نجمة	• ط
• طاهرة	• ن

Exercice 4:

ج •	• ستر
ف •	• منديل
س •	• فيل
م •	• جمل

Exercice 5: Relie les lettres aux mots qui leurs correspondents.

• حبا	• ب ن ت
• بيت	• ح ب ل
• بنت	• ح ا ا
• حبل	• ب ي ت

Exercice 6:

ا م ء ا د ●   ● دائما

ة ر ء ا د ●   ● دائرة

ق ر ا ط ●   ● طريق

ق ي ر ط ●   ● طارق

Exercice 7:

● سلام   ط ي ل س ●

● سليط   م ل س ●

● سلم   ء ا ل س ●

●سلاء   م ا ل س ●

Exercice 8: Complète le tableau.

أسد					
دجاجة					
غرفة					
صديقي					
محمد					
ابتسم					
هاتف					

Lam et Alef

Exercice 9: Ecrit les mots à partir des lettres suivantes.

ك ت ب = كتب _______________

ك و ز = _______________

د ف ت ر = _______________

ط ا ه ر ة = _______________

م س ت ش ف ى = _______________

ح ا س و ب = _______________

ج م ي ل ة = _______________

ا ب ت س م = _______________

أ و ل ا د = _______________

Chapitre 5: Les Mots

أهل

فأم

توضأ

برتقال

قبض

حسب

تراب تراب

ستر ستر

بنت بنت

ثقل ثقل

مثل مثل

أثث أثث

جبل

فجر

ثلج

حصان

صحابة

ملح

خير

سخن

نفخ

دليل

مدير

كبد

ذباب

الذي

يومئذ

ركب

سرير

سعر

زهرة زهرة

عزة عزة

عزيز عزيز

سنة سنة

حساب حساب

عبس عبس

شاء شاء

نشرة نشرة

قريش قريش

صمت صمت

فصل فصل

خلص خلص

ضرب ضرب

فضل فضل

مقلة مقلة

طيب طيب

قطعة قطعة

قط قط

ظلم

يظن

حظيظ

عين

سعد

بيع

غير

المغرب

بلغ

فهم

نفس

صيف

قسم

نقطة

خلق

كوب

لكم

منك

لبس لبس

جلد جلد

أصل أصل

مدرسة مدرسة

السماء السماء

حكم حكم

نوم

جنة

حسن

هدى

سهل

لعله

وجه

حوت

يدعو

يكتب

ربيع

قلمي

كَتَبَ

أَخَذَ

حَرَّمَ

رَسُولٌ

حَتَّى

يَقُولُ

ذَكَرٍ

أُنْثَى

ثَمَنًا

عَلِيمًا

عَلَيْهِم

الَّذِينَ

النِّسَاءُ

اللهُ

أَكْبَرُ

آمِينْ

غَدًا

لِقَائِهِ

نَرَى

كَانُوا

فَانْظُرْ

اللُّغَةُ

أَحَاطَ

أَهْلَهَا

مَسْجِدٍ

يُسْرًا

بِالْحَقِّ

وَيْلٌ

فِيهَا

سُلَيْمَانُ

فَاطِمَةُ

الْمَأْوَى

حَدِيدٌ

مُصِيبَةٍ

أَعَدَّ

جُنَاحَ

الدِّينُ

إِيَّاكَ

تَجِدُوهُ

هِيَ

سَلَكَكُم

نَخُوضُ

مَرْضَى

طَهَّرْ

خَلَقَ

سَرِيعًا

أُقْسِمُ

ذَهَبَ

أَوْضَحَ

خَافَ

أُفُقٌ

مَوْءُودَةٌ

لَا

نُشِرَتْ

أَحْضَرَتْ

بَطْشَ

غَبَرَةٌ

تَصَدَّى

حَدَائِقُ

نَخْلًا

قَضْبًا

شَأْنٌ

يُزَكَّى

يَوْمَئِذٍ

طَعَامِهِ

أُقِّتَت

Chapitre 6: Les Phrases

لَا إِلَهَ إِلَّا اللهُ

مُحَمَّدٌ رَسُولُ اللهِ

رَبِّ اغْفِرْ لِي

رَبِّ ارْحَمْنِي

السَّلَامُ عَلَيْكُم وَرَحْمَةُ اللهِ وَبَرَكَاتُهُ

اللَّهُمَّ صَلِّ وَسَلِّمْ عَلَى نَبِيِّنَا مُحَمَّدٍ

اللَّهُمَّ انْفَعْنِي بِمَا عَلَّمْتَنِي وَعَلِّمْنِي مَا يَنْفَعُنِي وَزِدْنِي عِلْمًا

السُّنَّةُ تُفَسِّرُ الْقُرْآنَ وَتُبَيِّنُهُ وَتَدُلُّ عَلَيْهِ

Table des matières